Marianne porte plainte !

La France, c'est le français quand il est bien écrit.

Napoléon Bonaparte

Le nationalisme est une maladie infantile. C'est la rougeole de l'humanité.

Albert Einstein

(suite en fin d'ouvrage)

Fatou Diome

Marianne porte plainte !

Café Voltaire

Flammarion

PROLOGUE

Messagers du malheur, toujours à trier, accuser, rejeter, ils sont prêts à sonner la curée ; je ne serai pas de ceux qui auront laissé les loups dévorer les agneaux au nom de l'identité nationale. Marianne porte plainte !

Je rapplique fissa, munie de ma sagaie sérère, ma plume. Mon pas décidé fait craquer quelques souches. *Sapristi ! De quoi se mêle cette intruse ?* philosophent-elles ; *face de chocolat, rentre dans ta forêt, va donc bouffer des bananes en Afrique !* Ainsi s'expriment les souches, dès qu'une branche s'agite. Qui peut espérer autre chose du Q.I. d'une souche ? Je ne suis pas française par le hasard d'une naissance, que nul ne doit à son mérite. Le poussin éclot dans son poulailler et se moque de savoir à qui il doit son toit. Née dans les bras sénégalais de l'Atlantique, sous les auspices de Sangomar, arrivée en France à l'âge où Cupidon donne aux jeunes filles le courage de partir, même avec un loup-garou, je suis française par choix, donc par amour, mais aussi par résistance, car le saut d'obstacles que l'on exigea de moi, huit années entières, briserait les jambes d'une jument. Pourtant, me voici, hennissant de joie, à savourer la langue de Molière dans *La Nef* de Sébastien Brant, où nous sommes tous fous d'être seulement humains. Et des pirates menacent ma mère adoptive sous mes yeux ! Si je leur botte les fesses, ces rabat-joie passeront l'hiver à plat ventre ! Malgré tous les efforts des Théodore Monod, Claude Lévi-Strauss, Jean Malaurie, merveilleux créateur de la collection « Terre humaine », Cheikh Hamidou Kane, pacificateur de *L'Aventure ambiguë* entre l'Europe et l'Afrique, pour bâtir des ponts entre les peuples, les taupes bornent toujours le monde à leur trou. Tant pis, nous l'élargirons quand même, quitte à nous faire mordre les talons. Alléluia ou Allah Akbar, le français est l'hostie de ma communion, hosanna ! Le français fleurit en Francophonie – comme l'avait prédit Senghor de sa bouche d'ébène –, son éolienne initiale *F* étant également celle de mon prénom : Françoise et son frère François sont bien obligés de le partager avec moi. La langue, c'est la part clef de l'identité, puisque c'est dans ses rouages que celle-ci se découvre et se relate. À chacun son histoire et sa petite mythologie qui le rattachent à la France. Pas besoin de liqueur de Fehling pour prouver l'appartenance. Alors, l'identité nationale ? Je ne céderai pas un iota de la mienne. La France n'est pas qu'à cette bande de braillards mal intentionnés. Qu'ils avalent leurs sécateurs ! Si la greffe était nuisible à la société, elle ne sauverait personne à l'hôpital. Marianne porte plainte !

Contre ceux qui disent défendre son identité mais, en réalité, se servent grossièrement d'elle pour asseoir leur funeste dessein, Marianne porte plainte ! Contre les indifférents, les fatalistes inconscients, qui laissent une clique de petits Français, indignes des grands d'hier, démolir les valeurs de la République et s'accaparer l'identité de la France, Marianne porte plainte ! Qu'auraient dit Clemenceau, de Gaulle, Jaurès, Blum et Mendès France ? Seuls les lâches et les complices laisseront les loups déposséder Marianne de sa dignité, sans livrer bataille ! Marianne porte plainte !

Le terrorisme servant de luge, le dérapage volontaire est devenu une manière de faire de la politique. Adieu, la solennelle modulation du général de Gaulle ! Adieu, l'élégance dans le choix des mots et *La Voie royale* que Malraux traçait aux idées, jusqu'au cœur de ses concitoyens ! Dans le sillage de La-Marine-Marchande-de-Haine, des opportunistes tributaires de l'urgence médiatique sont, dirait-on, atteints de la maladie de Gilles de La Tourette et n'ont plus que l'identité nationale à la bouche. Rivalité d'ambitieux, certes, mais quel besoin d'y ajouter une rivalité d'outrances ? L'expression révèle tant de la stature d'un dirigeant. À qui le flambeau de la retenue ? Un tel prix politique devrait voir le jour, il réduirait la toxicité des saillies et rendrait un peu de calme aux citoyens. Tenez par exemple, je voudrais écrire des poèmes, une nouvelle, un roman, une chanson, mais me voici, l'œil rubis, à tricoter nuitamment une amère prose politique. Ma plume portera-t-elle plainte ? Je l'ignore encore. En revanche, je suis certaine que les grandes dames de France comme Louise Michel, Lucie Aubrac, Germaine Tillion, Louise Weiss – qui toutes combattaient les ténèbres pour la justice et la liberté – ne seraient pas restées dans leur boudoir, à juger de la finesse de leurs dentelles, en attendant qu'on démembre, saucissonne leur République de femmes d'honneur ; moi non plus ! Marianne porte plainte ! Je bondis, brandis ma sagaie sérère !

Encore une élection présidentielle, encore cette terrible saison où plonger le nez dans un journal vous file immédiatement le rhume, tant les incongruités démagogiques prolifèrent. Comme à l'accoutumée, les loups se jettent sur l'identité nationale, quitte à écorcher l'idéal républicain. Les bourrasques d'idéologies nauséabondes traversent le pays de part en part et n'épargnent que les morts. Des quatre points cardinaux, de tonitruantes déclarations nous assaillent, nous assomment, nous asphyxient. Toutes les feuilles ne sont pas d'or, surtout à l'automne d'une année électorale ! Des esprits malhonnêtes profitent de l'effroi causé par Daech pour entretenir l'islamophobie et ranger tous les musulmans avec les terroristes. La laïcité se trouve doublement menacée, car ceux qui prétendent la défendre lui nuisent également, en se montrant parfois aussi extrémistes que ceux qu'ils combattent. Quel que soit leur bord, tous les excessifs ruinent la cohésion sociale. Et, parmi eux, les politiciens sont les plus fautifs, car, dépositaires du mandat du peuple, ils ont un devoir d'exemplarité. À tisonner les peurs, cracher leur haine aux quatre vents, ils risquent d'embraser le pays. La mesure distingue les sages, l'excès ne dit pas l'autorité mais l'incapacité à l'exercer sereinement. Quand on lui parle moins fort, l'humain perçoit mieux ce qui s'adresse à la raison. À force de solliciter l'instinct des gens, certains politiciens annihilent la possibilité d'un débat constructif. On n'interroge pas les idées, quand « eux versus nous » oriente le discours. Quand chaque mouton connaît son bercail, même Panurge n'a plus besoin de son bâton ! Dirigeant politique, ce n'est pas chef de meute, hurlant, menaçant, aux trousses d'autres meutes ! Non, on le rêve en guide pondéré, qui rassure, inspire son peuple et le mène vers l'espoir, à l'horizon. Où en sommes-nous ? À quoi aspirons-nous ? Comment procéder pour tenter d'y parvenir ? Ces trois simples questions, appliquées à chaque domaine important de la vie du pays, suffiraient à tout candidat sérieux pour élaborer son programme, sans avoir à nous enliser dans ces débats si peu généreux à propos d'une identité nationale qui, en réalité, ne souffre que de ses mauvais défenseurs. Un programme *contre* ceux-ci ou ceux-là ne suffit pas comme proposition et n'apporte que crispation sociale ; il s'agit d'agir *pour*, de susciter un élan. Avec la mondialisation, la gestion des migrations fait désormais partie de toute planification de l'avenir. Les puissances économiques, toutes concurrentes, s'adapteront à cette nouvelle donne, il faudra donc savoir accueillir ou refuser l'ouverture et rétrécir son influence internationale. Flatter des racines locales n'arrêtera pas la marche de l'humanité. Les retardataires qui appellent les Gaulois à leur secours n'ont qu'à s'acheter des jumelles, le rétroviseur ne gouverne pas ! Et si, au lieu de nous promener dans les catacombes gauloises, de nous déprimer en accusant et rejetant les uns après les autres, l'identité nationale nous disait un peu ce qu'elle affectionne, ce qu'elle propose à ce siècle, où elle veut aller ? Pourquoi n'affirme-t-elle pas avec détermination ce qui pourrait nous rapprocher et consolider notre foi en notre destin collectif ? L'éducation, encore et toujours, première des nécessités ! Parce que le savoir ôte de la force à la haine, l'éducation reste le meilleur antidote face aux menaces qui guettent la société. Même si les dresseurs du cirque politique nous prennent pour des ânes, persistons à distinguer le bon grain de l'ivraie, malgré les coups de gourdin qu'ils assènent à l'esprit. Dans cette ambiance électorale, les pyromanes voudraient passer pour des pompiers, mais l'emphase de certains titres n'affirme qu'une volonté d'éperonner les passions. *Tout pour la France !* a dit Le Manipulateur-gesticulant. Vraiment tout ? Y compris l'inadmissible ? Marianne porte plainte !

I

QUELLE IDENTITÉ NATIONALE ?

La France n'est pas une nation multiculturelle !
dixit François Fillon, le miraculé des primaires
de droite. Si c'est un aperçu de son programme,
fions-nous à Dieu, mais les cierges suffiront-ils
pour éclairer la France que les mystères de sa
voie politique menacent d'assombrir ? Ayant
battu l'ex-président qui titrait *Tout pour la
France*, son ex-Premier ministre, lui, entend tout
Faire. Du calme ! Il y a danger à se laisser gouverner par un absolutiste, car ceux qui veulent
tout faire accomplissent peu de choses et ceux
qui se vantent de tout donner vous étouffent
généralement de ce dont vous n'avez pas besoin.
Tenez, en 2007, on nous gratifia d'un *ministère
de l'Immigration et de l'Identité nationale*, qui
n'enchanta que ses créateurs. Moi aussi, je voudrais donner. Hélas, pauvre mortelle, je n'ai pas
tout, mais si Marianne ouvre les bras sans me
reprocher qui je suis, voici mes indémodables
Tiwans niominkas, mes cotonnades sérères,

rayées blanc-noir-violet pour habiller le multiple humain. Pour communier avec Marianne, j'ai invité mes *pangôls*, esprits de mes ancêtres ceddos, voici mes masques animistes, mes calebasses de mil, mes jarres de lait caillé destinées aux libations, mes danses endiablées, mes polyphonies, ma musique composite, ma plume de pélican, mon encre mauve d'errance, ma francosénégalaise langue aux sept accents et même cette grosse fraise sous mon décolleté. Déposer de telles offrandes au pied de Marianne, qui peut juger cela coupable ? Hélas, pas que La-Marine-Marchande-de-Haine et ses tristes matelots ! Comme L'Assimilationniste-gesticulant, récusé même par les siens, le miraculé, François-Fions-nous-à-Dieu, lui aussi, refuse la diversité. Tant pis ! Marianne applaudissant la liberté, mon derrière sénégalais lui dédie un joyeux *samtamouna*, sous le nez du non-multiculturel François, qui agite un anachronique martinet assimilationniste pour empêcher notre plaisir à fraterniser. Mes frères et sœurs, formons une immense ronde ensoleillée, que nos éclats de rires lui rappellent son siècle. *La France n'est pas une nation multiculturelle !* Nous piétinant ainsi, se croit-il devant une cargaison de bois d'ébène au port de Nantes ou dans un champ de coton régi par Colbert ? *Faire ! Tout pour la France !* Mais quoi exactement ? Étaler leur insatiable ambition, soumettre l'immensité de l'univers à coups de bottes ou reconnaître enfin le désespoir qu'ils nous causent

à force de réduire nos rêves de paix en miettes ?
Comme le pollen, les candidatures nous tombent
dessus et se moquent de nos allergies. Quel anti-
histaminique ? Cette fois, qu'on me pardonne
d'éternuer sans me couvrir la bouche. Râleuse ?
Oui, bien sûr, c'est même une façon de prouver
que je suis bien française ! Face aux loups,
même une pintade se défend ! Il s'agit de dire
non, de rendre leurs salves à ceux qui croient
qu'une campagne électorale consiste à indexer,
accuser et montrer les dents. Plus les pro-
grammes sont fragiles, plus le marronnier attire :
l'identité nationale ! On s'accommoderait de la
répétition, si les bégayeurs ne se bornaient à
définir ladite identité par la négative. Dire ce que
n'est pas l'Atlantique ne suffit pas à dessiner ses
contours ! Identifier, nommer, valoriser ce qui
fait la France, ne peut consister seulement en
cette paresseuse désignation de tout ce qu'on
croit ne pas lui appartenir. Pointer, circonscrire,
ôter, cette soustraction permanente ne peut ni
rappeler ni présenter la France telle qu'elle est
aujourd'hui, encore moins poser les jalons pour
la continuer. La vision qu'en ont les nostalgiques
et les frileux est trop étriquée. Tous ces crispés,
effrayés par les courants d'air de la mondialisation, devraient s'habiller d'intelligence et sortir
de leurs obsessions nationalistes. La France ne
peut se renfermer sur elle-même afin de leur
tenir chaud, à moins de renoncer aux idéaux qui
font la place qui est la sienne parmi les nations

Le souvenir d'une grandeur ne suffisant pas à la maintenir, la France doit donc, sans cesse, œuvrer à mériter ce qu'elle dit être. Échanges diplomatiques, économiques, culturels, dans ce monde nourri de confluences, l'avenir des peuples est incontestablement dans l'ouverture. Flux et reflux ! Sans les marées, les deltas vivraient dans la désolation. Fille de l'île de Niodior, je vous le certifie : coupé de l'Océan, un bras de mer n'est qu'une ravine sèche et stérile. La France vaut mieux !

Alors, l'identité nationale ? La belle tant invoquée, mais dont nul ne sait décrire précisément le visage ! Chacun en a sa propre vision, étayée par ses propres références. Interrogez cent de nos compatriotes sur la conception qu'ils en ont, vous aurez cent versions possibles de *La Marseillaise*. Cette identité, les esprits chagrins la définissent et la définiront toujours par la négative, par opposition à tout ce qui, à leurs yeux, incarne l'altérité. Qu'ils sachent qu'ici comme ailleurs, l'identité de toute nation, ce sont d'innombrables ruisseaux, de longueurs, de saveurs et de couleurs différentes, qui versent tous dans le même fleuve. N'en déplaise aux amers, aujourd'hui comme hier, Marianne fait ce qu'il lui plaît. Au fond d'eux, les jaloux pensent toujours qu'ils ne méritent pas leur compagne, qu'un autre la leur ravira. Pauvres anxieux, qu'ils fassent donc leurs preuves d'amour au lieu de trembler ! Les jaloux voudraient garder

Marianne rien que pour eux. Tant pis, qu'ils ron-ronnent ! Leur cœur tenant dans une feuille de vigne, ça n'ira pas plus loin qu'un pique-nique. S'ils sont bien français, comment ne se rendent-ils pas compte que même les cubes de gruyère de leurs cocktails offrent plusieurs facettes de la même réalité ? Coquette, versatile, toujours à rajeunir pour embellir, cette séduc-trice de Marianne a toujours fait ce qu'il lui plaît, mais tous se battent pour la servir. Ceux qui la disputent aux autres connaissent-ils tous ses secrets ?

Ce pays a honoré ses rois, engraissé sa noblesse pendant des siècles, avant de décapiter la royauté et de proclamer la République à la barbe des aristocrates qui, cette année encore, supporteront le vote démocratique sous anxioly-tiques, en tant que simples citoyens. La belle France à laquelle on se réfère quant aux droits de l'homme n'est-elle pas aussi celle du Code de Colbert, peut-elle se dissocier de celle esclava-giste et colonialiste, sans mutiler son identité ? Dresser le portrait d'une nation si complexe en quelques ruades, il n'y a que la mauvaise foi des manipulateurs de masse pour l'entreprendre ! La France est multiple, ses passions successives, ses idoles innombrables, son identité lui ressemble. Essayer de dire ce qu'est l'identité nationale avec une morgue nationaliste revient à faire un tri sélectif dans l'Histoire, c'est dire seulement ce qu'on voudrait que la France soit et non ce qu'elle est. Interroger le degré d'appartenance des autres à la France, c'est, de facto, poser la question de sa propre appartenance. Les fébriles esprits de tamis trépignant, qui s'engagent dans cette impasse, devraient se regarder avant de désigner les personnes d'ascendance étrangère comme repoussoir de la société. Dans la droite républicaine, c'est une personne d'origine gréco-hongroise qui avait fait de l'identité nationale son sceptre pour toute campagne : Nicolas Sarkozy. *Elnézést !* pardon en hongrois, mais ce nom ne sonne pas comme de Lattre de Tassigny. Pourtant, *fogadtatás*, bienvenue, dit Marianne, accueillant le Hongrois, comme elle a dit *fadydi* à la Sérère sénégalaise que je suis. Quant à son Mégaphone de l'Est, Nadine Morano, chantre de la blancheur toute chrétienne de la France, dire que ses origines la raccordent au pays de Léonard de Vinci vous rappelle ce qui distingue la fosse des Marianne de l'Himalaya. Qu'est-ce qu'un mégaphone peut partager avec Simone de Beauvoir, sinon le *n* qui, chez le premier, nie la présence d'un génie ? Le sagace Guy Bedos, qui a ce que n'ont que les fins esprits, avait vu parfaitement juste !

La France a donné à l'Italie, en 1515, Philiberte de Savoie, tante du roi François Ier, puis marié, en 1518, la princesse Madeleine de La Tour, fille de Jean IV, comte d'Auvergne, à Laurent II de Médicis, duc d'Urbino et neveu du pape Léon X, avant de faire de sa florentine fille, Catherine de Médicis, l'épouse d'Henri II et la reine de France. Cette France qui révère encore le nom des Médicis au point de lui réserver un palais sur la colline du Pincio, où elle envoie ses écrivains s'ouvrir au monde et rêver à l'humanité ; cette France-là, madame, n'a jamais manqué de cœur pour accueillir une Italienne, mais aussi les autres, elle n'a donc jamais prétendu que ses derniers invités devaient fermer la porte derrière eux. C'est vous qui avez peur des autres, mais votre frayeur, cessez de l'exprimer au nom de la France. Marianne porte plainte ! Elle n'a pas besoin de vigiles, comme pirate défendant malhonnête butin contre d'autres pirates. La France n'a aucune raison d'avoir peur, c'est son ouverture, l'amour qu'on lui porte de par le monde et la liberté qu'on y vient chercher qui la protègent, même de vous. Madame, votre tonitruance passerait, si vos tirades incongrues n'offensaient pas le message d'amour du Christ, l'Eucharistie et l'Église de Rome, qui revendique la France comme fille aînée. Comment va votre otage d'amie tchadienne « plus noire qu'une Arabe », comme vous dites ? Vous avez une amie noire, soit ! Devrions-nous vous décerner une médaille ? Est-il donc si difficile de nous aimer ? Une Tchadienne jardinant l'amitié avec vous, elle a sûrement une patience à faire pousser des roses sur les berges de la mer morte. Quelle mésalliance pour la pauvre sœur ! Au XVIIIᵉ siècle avec vous, elle aurait fini son avilissement au cabinet de curiosités ! Moi aussi, madame, j'ai des ami(e)s, et ce n'est pas leur couleur qui les identifie ou les qualifie, mais tout ce que nous partageons, abrité(e)s sous notre commune humanité. Leur honte quand vous bavardez me retenait, jusqu'ici, de commenter vos embardées indignes de Marianne. Donnez du foin à votre amie noire, qui se ressemble s'assemble, dit-on dans votre bercail !

À gauche, celui qui partage cette lubie du Manipulateur-gesticulant et du Mégaphone de l'Est, c'est également une personne d'origine étrangère, espagnole, précisément : Le Recycleur Manuel Valls. *Madre Marianne !* Là encore, ça ne gambade pas dans le sillon de Leclerc de Hauteclocque, pas d'accointance non plus avec les Montmorency-Châtillon, et nous sommes très loin de l'arrière-cour des Broglie, où Louis faisait certes des mathématiques, mais pas de celles comptant et contestant racines à ses compatriotes. Identité nationale, se gargarisent-ils, ces questeurs autoproclamés, sans même y perdre une dent ! Ah ces immigrés, adoptés comme moi, mais soudain plus loyalistes que les enfants du lit de Marianne, ils ne reculent donc devant rien ! À vouloir calibrer la société on la déséquilibre. Le Recycleur a achevé de nous signifier que la gauche vire à droite, autant que la droite penche vers son extrême. Contre Le Manipulateur-gesticulant, son Mégaphone de l'Est et Le Recycleur de gauche, Marianne porte plainte ! Ah, ces gourmands invités, à se battre à table, aucune élégance ! Invitez des égoïstes, ils se disputeront les cuisses du poulet, s'approprieront les couverts de votre grand-mère, puis accuseront d'autres de vol pour rester dans vos bonnes grâces ! Honte à ces accueillis pas accueillants, devenus de redoutables diviseurs de la France ! Marianne porte plainte ! Elle mérite qu'on l'aime telle qu'elle est, pas telle que les identitaires la voudraient : amnésique et xénophobe. Allons, l'Alzheimer, cause nationale, combattons-la !

Mesdames, messieurs, les adoptés possessifs, porte-micros du *white-washing*, un peu de modestie quand vous parlez de l'identité nationale. Votre langue ne suffira pas comme ciseau pour ôter à Marianne sa part africaine. À force d'excaver les racines, elles pourraient vous écorcher, certains ne taisent les leurs que par pudeur. Si votre vision de l'histoire était complète, vous sauriez que, parmi ceux auxquels vous contestez ce pays, nombreux sont les silencieux capables de le revendiquer autant que vous, sinon plus légitimement. Autant qu'à vous, la France, en sa liberté, appartient aux descendants de ceux qui sont morts pour la défendre. Ce fut le même prix pour les vies perdues, c'est donc le même honneur pour leurs enfants de jouir de ce qu'elles ont gagné ensemble : cette France, belle parce que libre. Les identifiables parmi les enfants de Marianne en ont assez d'être pointés, ségrégués, piétinés. Que les mémoires courtes sachent que nous ne baisserons jamais la tête en marchant dans ce pays où les nôtres, venus le défendre à deux reprises, fossilisent loin de leurs aïeuls. Sur leurs traces, Maréchal, nous voilà ! Tant de fils du soleil dans la solitude de l'hiver éternel ; à défaut d'être bienvenue, la visite de leurs enfants n'est-elle pas compréhensible ? Seigneur, que de stèles d'Africains à Verdun comme ailleurs en Hexagone, tous engrais de l'identité nationale ! Et l'on nous dispute les fleurs de ce sol ! Nom de la pipe de Brassens ! Que ma langue la lui rallume ! Lui ne chassait pas l'étranger. Chacun ses ancêtres, son épopée, ses larmes et son héritage. Pourtant, même les souvenirs douloureux devraient nous réunir autour de Marianne. Qui sommes-nous, où allons-nous ? Voyons, d'abord, d'où venons-nous ? Puisque certains plaident pedigree, inventant même la filiation gauloise rétroactive, l'ADN de la République ne mentira pas pour favoriser leur sombre dessein. Toute famille est bâtarde, parce qu'elle se ramifie, multiplie ses attaches avec les autres et c'est même là sa survie, car c'est lorsqu'elle ne se mélange plus qu'elle se détériore, tant biologiquement que culturellement. Il en va de même pour la nation, d'ailleurs fondée, non sur le lignage, mais sur l'adhésion à des valeurs abstraites, universelles, transcendant les particularismes ethniques, régionaux et religieux. À la cour criminelle ou identitaire, des preuves valent mieux que des suppositions, voici les miennes :

Première Guerre mondiale ! Un poilu aux cheveux noirs, le nez comme le mien, pas aquilin, Arfang-Lang Sarr, s'est battu pour la France ! Sa vie durant, ma grand-mère, Aminata Sarr, me parla de son *cher oncle, rentré médaillé de la guerre des Blancs.* Sa médaille ne le consola pas de la perte de nombreux camarades et ne rehaussa pas d'un centime sa pension d'ancien combattant noir, inférieure à celle de ses collègues blancs qui, eux, meurent certainement différemment. Arfang-Lang Sarr est mort à Niodior, sans *Marseillaise* ni drapeau tricolore en berne. Ce héros-là n'a pas de cénotaphe au Panthéon, c'est dans le cœur des siens qu'il a son tombeau.

Seconde Guerre mondiale ! Diome, ce n'était pas moins français que Dupont ! Debout parmi les braves, Aliou Diome s'est battu pour l'honneur de la France. Encore, nous comptâmes des morts. Avec leur mémoire, quelques-uns des nôtres rentrèrent, dont Mama Séko Sarr, Falang Sarr, Famara Sarr. Et, sa vie durant, ma grand-mère me parla aussi de son *cher cousin, Abdou Khady Sarr, jamais rentré de la deuxième guerre des Blancs.* Mémoire éplorée, donc perpétuelle, Aminata Sarr, même lorsqu'elle ne compta plus ses printemps, m'énumérait encore tant d'autres des nôtres, morts comme son cousin, si loin de Niodior, Mar-Fafaco, Joal, Kahone, Fatick, Mbissel, Djolor, parce qu'au grand dam de Friedrich von Schiller, cette capricieuse princesse Europe refusait de chanter *L'Ode à la joie* à ses enfants. Verdun n'est pas Fandane-Thiouthioune, l'Alsace n'est pas le Sine-Saloum, qu'y faisaient donc des enfants de Sira Badiar, sinon gagner le duel pour la main de Marianne ? Sur leurs traces, Maréchal, nous voilà aux noces ! Banquet d'héritiers, banquet fraternel, que nul ne pousse ma chaise ! Au menu : agneaux du Bourbonnais, foie gras d'Alsace ou du Périgord, chapons et poulardes de Bresse, ajoutez donc de gourmandes truffes de Tricastin ! Apportez les deux cent quarante-six variétés de fromages chers à de Gaulle, même le maroilles et le munster, j'ai tant faim de ma part de France ! Si champagne et gewurztraminer vous coûtent, gardez vos bas de laine, nous trinquerons à l'eau de source, même à Saint-Émilion, mais nous célébrerons la fraternité dans la diversité. Aucune racine hongroise n'y changera rien, même pas Viktor Orbán, ce barbelé ! Santé, mes frères et sœurs de toutes teintes ! Généreuse, Marianne est une belle qui multiplie les alliances, les couards et les jaloux ne sont pas à sa hauteur. Voyez donc l'allure de ses amants, glaive au clair, ils sont venus de partout sauver son sein des griffes du loup outre-rhénan ! Une dame danse avec celui qui porte ses couleurs !

Pacifistes, les Sérères du Sine-Saloum ont un drapeau blanc depuis 1350 ; mais, réputés pour leur tradition guerrière de défense, les miens, colonisés, furent recrutés en masse sous le multi-colore drapeau hissé par de Gaulle, qui louait leur courage. Un des derniers anciens combattants de Niodior, encore un Sarr, est un cousin de ma mère que j'appelle *Tokôr*. Tokôr n'a pas quémandé les baisers de Marianne à la Libération, il les a gagnés au combat. Tokôr, son cœur vidé de toute haine à la guerre, ne prêchait que paix. Il est mort récemment, totalement oublié par la France en paix. Mais lui n'avait rien oublié. À notre dernière entrevue, il admirait encore de Gaulle, qu'il surnommait en sérère *I ndiohoye i ndane*, le lion blanc. Comme à chacune de mes visites, il me chanta une marche militaire, me demanda une fois encore de lui traduire quelques mots français, qu'il avait appris comme un perroquet. Polyglotte en langues africaines, m'entendre malaxer l'idiome du général de Gaulle l'amusait, le captivait, car cet insulaire n'y voyait plus nulle domination mais bien un bras de mer supplémentaire, par lequel ses enfants voguent vers le monde et reviennent lui raconter l'autre humain, en sérère.

Tokôr, humble soldat Sarr, initié au feu par Marianne, qu'as-tu vu ? Sous la mitraille allemande, Arabes de Ouarzazate ou Noirs du Sine-Saloum, les hommes tombaient parce qu'ils valaient Français, autant que les Orléanais. Sologne n'est pas Cologne, mais ça, ce sont les Blancs qui le savaient, pas nos tirailleurs, dont beaucoup découvraient Dakar en embarquant pour aller sauver ce qu'il restait de la grandeur de Louis XIV. Quelle ingratitude ose dire à leurs enfants que Marianne ne leur doit rien ? Si les herbes folles mangent les châteaux, faut-il que la mémoire des hommes fonde avec les neiges ? Repose en paix, tirailleur ! Pour ton dernier départ, seulement sept mètres de percale immaculée, onze fois l'*Ikhlâs*, quelques noix de cola et des galettes du mil de Niodior, pas de *Marseillaise* ni de drapeau bleu-blanc-rouge en berne. Il est certain que les mesquins, qui se gargarisent aujourd'hui d'une identité nationale dont ils ignorent le prix, n'ont pas un fil de ton étoffe. Repose en paix, soldat Sarr ! Sous le sable de Niodior, si loin de Marianne, repose dans la gloire de tes aïeuls, qui ne sont pas gaulois mais bien d'authentiques Guelwars, qui résistèrent vaillamment aux Français du XVIIe siècle jusqu'en 1850 ! Guerrier, descendant de guerriers, n'ayant connu de l'Hexagone que l'injustice de sa colonisation, tu es pourtant venu sécher les larmes de Marianne. Elle a maintenant de beaux yeux, tu sais, les jaloux en perdent la tête ! Tokôr, mon doux Tôkor, tu as cessé d'être le soldat inconnu de la France. Française d'adoption, je répare le tort en inscrivant ton nom dans mon cœur et je le projette en grand sur l'arc de Triomphe, chaque fois que j'y passe : le soldat Sarr, de Mbine Mack à Niodior, a combattu pour la France et pour notre liberté ! Esprits de Clemenceau et de Leclerc, debout les braves, voici un des vôtres ! Dites-moi : la France du Père la Victoire et du serment de Koufra laissera-t-elle des carriéristes récemment francisés persécuter les enfants de ses secouristes d'hier ? Il est vrai que la paix favorise l'oubli ! Mais, contre les oublieux qui l'exposent au déshonneur de l'ingratitude, la belle Marianne porte plainte !

Puisque, sur les tréteaux de chaque campagne électorale, des tribuns pyromanes martèlent leur discours qu'ils revendiquent décomplexé, tablant sur la banalisation de la xénophobie, il est temps de leur tenir tête, de manière tout aussi décomplexée ! Rappeler aux identitaires de tout poil cherchant sans cesse qui honnir ou bannir ce que leur nationalité libre doit aux autres, ce n'est pas amoindrir la France, c'est la respecter suffisamment pour lui restituer l'entièreté de son histoire. À Niodior, face à l'Atlantique, comme à Strasbourg, sur les bords du Rhin, je me promène, respectueuse mais tête haute, car parfaitement chez moi. Aujourd'hui, tout le monde est fils ou petit-fils de résistant, pourtant la LVF (Ligue des volontaires français du IIIᵉ Reich) a bien existé et la Division Charlemagne de la Waffen-SS comptait une majorité de Français ayant vendu la peau de Marianne quand les miens risquaient leur vie pour son port de tête. Mais, chut ! Par les temps qui courent, il paraît que les comme moi, pas couleur locale, sont censés se faire tout petits.

Quand beaucoup se taisaient, Émile Zola eut le cran d'accuser. À défaut de me blondir, suivre

son exemple me blanchira peut-être des soup-
çons d'illégitimité qui me poursuivent, des entre-
lacs du Saloum jusqu'aux rives du Rhin ! Née
trop tôt pour les uns, avant les onctions requises
par leur jugement et jamais par l'amour ; trop
noire pour les autres, grappilleuse au banquet
des Gaulois ! Venant d'Afrique, mieux vaut être
une banane, un ananas ou l'uranium nécessaire
à Areva pour être adopté facilement. Jugeant,
sélectionnant, les trieurs du cheptel divin sont
sous toutes les latitudes, hélas ! Ainsi cernée de
loups, où fuir l'existence pour être enfin en
paix ? Je suis sûre qu'au fond de sa honte, Roog
Sène, mon Seigneur, qui a commis l'erreur sur
pattes que je suis, se languit de moi. À l'étroit
partout, j'attends son appel sans la moindre
crainte. Bonjour, Dieu, pourquoi ne modifiez-
vous pas les hommes, ces autoritaires qui
trouvent toujours à redire à votre œuvre ? C'est
la question que je lui poserai. Voilà pourquoi les
canards boiteux, exilés, réfugiés, migrants, dés-
hérités, handicapés, homosexuels, les ségrégués,
tous ces bâtards du monde sont miens ! Indexés,
maltraités, toujours rejetés par les injustes, ils
connaissent comme moi ce que la tristesse de
l'impuissance fait du sommeil et de l'appétit. Les
mêmes qui destinaient Dreyfus à la curée, cas-
saient du Nègre, brûlaient du Juif, éteignaient
la lumière des livres. Malheur, ils sont de retour
parmi nous !

Regardez-les, la crise et Daech sont les portes dérobées par lesquelles ils se faufilent, filoutent, assènent des coups de canif au contrat républicain. *Ceux-là ne nous ressemblent pas, virons-les !* La purge a toujours besoin d'une excuse pour débuter, ensuite elle outrepasse ce que les loups font gober aux naïfs pour obtenir leur assentiment. Je ne donne pas le mien ! Dans un pays laïc, même après les attentats, la peur n'excuse pas l'islamophobie, le racisme, le rejet de la différence. Senghor réveille-toi, la religion et le Dieu économie versent du sel sur ta pépinière de rêves, et les extrémistes de tous bords se fortifient de nos peurs. Dans cette France que tu aimais au point de l'épouser, certains glosent identité nationale, bâtissent des frontières dans les têtes et divorcent d'avec les valeurs de la République. Marianne porte plainte ! À ma place, vieux sérère, cher poète, que ferais-tu ? Ta plume danserait *samtamouna* pour la justice et le rassemblement des enfants d'Ève. Adopté ou pas, la seule fierté à partager ce pays avec les loups enragés, c'est de leur tenir tête sans répit. Seule la vérité blesse, c'est bien l'identité nationale française qui maxime ainsi, elle sera notre seule sagaie. C'est ensemble que nous lutterons, sous peine de couler ensemble dans le naufrage de La-Marine-Marchande-de-Haine. Le racisme n'est pas une politique, c'est une paralysie de l'esprit, qui figea l'Europe durant des décennies de sidération.

Liberté à tous, soit, mais honneur aux méritants, car être digne de Marianne est encore la meilleure manière de la revendiquer ! Aujourd'hui ne se fera pas dans la justice sans une claire conscience d'hier. Il faut enseigner l'Histoire et rappeler qu'au cours des deux grandes guerres mondiales, les ascendants des indexés *pas-assez-d'ici*, réquisitionnés ou volontaires, se battaient aux côtés des patriotes, mouraient en terre européenne, endeuillaient l'Afrique pour l'avenir de la France, pendant que les traîtres à Marianne perdaient leur dignité au garde-à-vous devant la petite moustache outre-rhénane. Pour *Une Mémoire en marche*, suivons notre frère Julien Masson, ce loyal fils de Marianne, sur les traces de ses autres ancêtres, les Tirailleurs sénégalais ! Cette partie-là de l'identité nationale, qui l'omet insulte l'histoire de ce pays ! À vos armes, citoyens ! Noirs et Blancs étaient debout, pareillement, pour le port de tête de Marianne et de tous ses enfants ! Dans ces rangs-là, mesdames et messieurs les manipulateurs, ce qui assimilait le soldat au soldat n'avait pas besoin d'une profusion de mots, c'était une valeur universelle nichée au cœur des braves. Cette valeur-là ne rouille pas, elle s'appelle la dignité humaine ! Elle seule mobilisait Noirs et Blancs à la conquête de la liberté, afin que plus jamais, nulle part, l'homme ne vive à genoux. À vos armes, citoyens ! Debout, Aliou Diome n'a pas reculé ! Je ne reculerai pas davantage devant les

loups de la préférence nationale épidermique !
Alors, messieurs les assimilationnistes, suis-je
une des vôtres ? Je n'en sais rien, mais je me vois
enfant de Marianne comme vous. Niodior-Stras-
bourg, sans sagaie ni fusil : simple trajectoire
humaine, pacifique, mais sans la moindre amné-
sie. Je marche sur le pont de la fraternité, que
les rancuniers africains et les courtes mémoires
françaises rechignent communément d'emprun-
ter. Tant pis pour ces malheureux, qui souffrent
pareillement de la berlue. Qu'ils soient tous
migraineux de ma mauvaise voix, c'est pleurer la
bêtise humaine qui me l'a éraillée ! Mais je sais
que de plus belles voix consonnent avec la
mienne. De Niodior à Paris, et jusqu'en Tasma-
nie, tant d'autres humains, debout, chantent,
prêts à former une fraternelle ronde ensoleillée.
Le trait d'union, en français, on s'en sert pour
allier, relier, corréler des signifiés que la paresse
ne conçoit que dissociés. Cette même paresse
intellectuelle sépare le genre humain, par teintes,
lieux de naissance, religions ou classes sociales,
comme si le simple fait d'être de l'espèce
d'Adam ne conférait pas déjà un incontestable
statut à tous. Cette manie du tri cause tous les
drames humains, si l'on n'y prend pas garde,
c'est elle qui nous perdra. Face aux possessifs,
ces isolationnistes à l'esprit répulsif qui mal-
mènent une partie de la population française, les
enfants adoptifs de Marianne portent plainte !

II

FRANCE : MÈRE ADOPTIVE
OU MARÂTRE ?

Arméniens, Espagnols, Italiens, Hongrois, Polonais, Africains, Maghrébins, Vietnamiens... La France n'a cessé d'accueillir différentes cultures. Elle est donc dans l'inconscient collectif, à juste titre, une terre d'accueil. Pour ceux qui ont réussi leur intégration, elle est une formidable mère adoptive, pour les autres, ceux qu'elle marginalise et persiste à traiter en étrangers – même lorsqu'ils sont nés français –, elle n'est qu'une marâtre. Quand Le Manipulateur-gesticulant plagiait le Front national, supposait des racines gauloises à la nation et promettait de forcer à l'assimilation, il ne visait que les adoptés-identifiables de Marianne : les Arabes, les Noirs et les Asiatiques, ceux qui ne peuvent disparaître dans l'anonymat de la couleur blanche, perpétuels boucs émissaires des identitaires. La question de l'intégration est toujours posée concernant les mêmes. La routine est une nasse qui retient l'esprit ; et si, pour une fois, nous nous intéressions à l'intégration de ceux qui éprouvent le besoin de porter l'identité nationale en bandoulière ?

Le Manipulateur-gesticulant a-t-il vraiment réussi son intégration ? À l'évidence, oui, s'agissant de l'ascension sociale ; mais qu'en est-il sur le plan psychologique ? Assimilation ou dissolution de soi, à moins qu'il ne s'agisse de dissimulation ? Chez les Sérères niominkas, en territoire guelwar, où l'on s'enorgueillit encore aujourd'hui de réciter son arbre généalogique, l'adage dit qu'*on n'oublie que les aïeuls sans mérite*. Est-ce la crainte de voir sa propre identité et sa légitimité remises en cause qui le pousse à toujours hiérarchiser les populations, à chercher constamment plus étranger que lui ? Mais pourquoi désigner ces autres étrangers à la société comme source de ses maux ? Distanciation, dissociation, négation d'une part de soi : refus de s'identifier aux frères de condition, les Français de fraîche date, au statut plus facile à bousculer. Nul besoin de Freud pour déceler ce paradoxe du comportement : on tape sur ses semblables afin de s'en différencier et gagner ainsi sa place parmi les dominants. Nous ne sommes dupes de rien, cette manœuvre est vieille comme le monde, c'est ainsi que les courtisans survivaient dans les cours royales, d'Afrique comme d'Europe. Pourtant, l'instinct de survie n'excuse pas tout. À la communion de nos diversités, pas d'hostie pour Judas ! Son allégeance à Marianne serait louable, si elle ne s'exprimait pas dans une agressivité périlleuse pour nous tous. Les problèmes d'intégration ne concernent pas que les banlieues. Ceux qui veulent prouver la leur à tout prix sont aussi dangereux que ceux qui, y renonçant par dépit, retournent leur frustration contre la société. Dans les deux cas, nous sommes en présence d'identités belliqueuses, parce que vacillantes ; elles se jaugent, se construisent dans la confrontation. Or l'affirmation de soi n'est pas une négation des autres, mais bien la capacité d'être parmi eux.

Charles de Gaulle, Georges Pompidou, Valéry Giscard d'Estaing, François Mitterrand, Jacques Chirac, depuis la Ve République, aucun président français ne s'est cramponné ainsi à l'identité nationale. Pourquoi donc ? Ici, le regard d'un psychologue éclairerait davantage que celui d'un historien. Si aucun de ces présidents n'a fait de l'identité nationale son mantra, sa monomanie politique, c'est peut-être parce qu'ils n'avaient rien à (se) prouver à ce niveau-là ; bien ancrés dans leur pays, épargnés par la douleur du déracinement et le désir d'être admis qui tenaillent les « venus d'ailleurs », leur propre appartenance les tourmentait si peu qu'ils n'éprouvaient ni le besoin de la surinvestir ni celui de questionner celle des autres. François-Fions-nous-à-Dieu aurait pu s'inspirer d'eux, mais le voilà cognant Marianne au plexus : *la France n'est pas une nation multiculturelle !* Lui aussi entend passer les autres sur le lit de Procuste de l'assimilation ! À défaut d'obtenir de lui qu'il aille confier l'origine de son assimilationnite aiguë au psy, passons-le à l'encre mauve pour essayer de comprendre. Longtemps à l'ombre du Manipulateur-gesticulant, veut-il montrer qu'il peut *Faire* pire que lui ? Lorsqu'un responsable politique tient des propos susceptibles de mener à la guerre civile, il est tout aussi dangereux que les recruteurs de Daech. Une politique d'assimilation n'est souvent qu'injustice et désastre. En 1985, le roi du Bhoutan a privé de leur nationalité des milliers de Lhotshampas, populations d'origine népalaise, avant de les expulser en 1992, leur reprochant notamment le fait de ne pas porter le costume traditionnel local et de parler le népali au lieu du dzongkha officiel. Qui rêve de gouverner l'uniformité, à l'instar du grand démon-gratte-tiques bhoutanais, peut-il porter bonheur à la France ? Le Tendre-Motard de l'Élysée, lui, au moins, ne se prend pas pour un dresseur de fauves au cirque Pinder, de ce fait, même s'il n'a bouché ni le trou de la Sécurité sociale ni celui par lequel viennent les loups, il nous angoisse moins que le miraculé qui lorgne sa place. Mais, même mon masque, accroché à son pan de mur, murmure que les citoyens lucides ne suivront pas un autre pirate aux trousses de La-Marine-Marchande-de-Haine. Dire que les identitaires comptent un récupérateur de leur thème à gauche ! Preuve que le recyclage ne rend pas toujours service à la nature, surtout humaine.

Déchéance de nationalité ! À trop tendre l'oreille à droite, Don Manuel Valls, vous n'entendiez donc plus la musique de gauche ? Déchéance de nationalité au menu, matin, midi et soir ! Nous étions nombreux à nous interroger sur la validité de la nôtre, pérenne ou révocable ; nous, Français visibles, accusables, peut-être expulsables par des invités si peu partageurs. La France est-elle ignifugée, pour laisser ses enfants turbulents jouer avec des allumettes ? Qu'en est-il du fameux front républicain ? Il y eut un 21 avril, des indignations solennelles, lyriques à vous humecter les yeux de Toutânkhamon. Toutes les émotions étaient-elles sincères ? Si les promesses de combattre l'hydre ont été tenues, comment expliquer sa force actuelle ? Même la gauche ose assumer le thème naphtaliné de l'extrême droite, qui n'a plus qu'à féliciter ses adversaires.

Déchéance de nationalité ! Tout de même, ce n'est pas une chemise prêtée qu'on retire aux ingrats un jour de mauvaise humeur ! Don Manuel, Clemenceau, Jaurès, Blum et Mendès France auraient-ils validé votre politique ? Non, ceux-là, de gauche, accueillaient, protégeaient les plus fragiles et n'auraient pas jeté des enfants d'Ève aux loups. Un ambidextre, en écriture, n'éprouve que ses poignées ; en politique, il fait perdre le nord aux citoyens. Les enfants de la gauche française ont-ils au cœur leur juste partition, vont-ils enfin jouer leur propre musique ? Suffit, la valse avec la statue du commandeur de l'Ordre de Calatrava, promoteur d'une *Reconquista* à la française fantasmée par les xénophobes. Don Manuel, ne chassez ni Maures, ni Noirs, ni métisses. Même radicalisés, nos voyous comme nos champions sont bien les nôtres. L'honneur d'un exilé, lorsqu'il a la chance d'être adopté, c'est non seulement d'être reconnaissant, mais aussi de s'inspirer de la générosité de ses hôtes. Si le bon sens étaye la nuit du désespoir, on ne sauve pas la paix sociale par l'injustice, qui porte en elle les germes d'un conflit. En démocratie, même punir demande un temps de réflexion, car il s'agit de sanctionner juste et non de faire souffrir par réaction ; qui agit ainsi se rend aussi barbare que ceux dont il condamne les actes. Déchéance de nationalité ! Le régime de Vichy avait déchu Saint-John Perse de sa nationalité ! Qui veut Pétain pour modèle ? Même si la déchéance de nationalité a finalement été abandonnée, un tel débat, cette marotte de l'extrême droite portée au pinacle par un gouvernement socialiste, fut la preuve que la boussole politique s'est déréglée ; à gauche, vrille une toupie. Marianne porte plainte !

S'ils avaient écouté le hurlement des loups, François Mitterrand, Robert Badinter et leurs camarades n'auraient pas aboli la peine de mort ! Progressiste, parce que l'humain se doit de devenir mieux qu'il n'est ! Madame Taubira, merci d'être restée debout ; un leader progressiste, digne de ce nom, ne peut sacrifier la dignité humaine aux contingences, même exceptionnelles. Don Manuel, après Matignon, que ne relisez-vous *Matin brun*, de Franck Pavloff : si, avec les sélecteurs, vous aviez permis que les premiers accusés parmi les enfants de Marianne fussent chassés, d'autres auraient suivi, pointés pour d'autres motifs. Et, peut-être qu'un jour, d'autres raisons auraient été invoquées qui auraient pu vous compter au nombre des déchus à expulser, en même temps que moi. D'ailleurs, à égalité de crimes, quelle mesure aurait permis de sanctionner les djihadistes détenteurs de la seule nationalité française avec la même sévérité que leurs collègues reniables ? Selon l'article 15 de la Déclaration universelle des droits de l'homme, adoptée le 10 décembre 1948 par les Nations unies : « 1. Tout individu a droit à une nationalité. 2. Nul ne peut être arbitrairement privé de sa nationalité, ni du droit de changer de nationalité. » L'honnêteté commande d'admettre que la déchéance de nationalité était une mesure raciste, car ne visait que les binationaux, les citoyens venus d'ailleurs, principalement des non-Blancs. Marianne porte plainte !

Il est temps qu'on cesse de lier systématiquement la nationalité aux origines ethniques ou culturelles. Un musulman n'est pas forcément étranger, une religion n'étant pas une nationalité, mais une foi qui s'exprime sous toutes les latitudes. Si l'ignorance ou le racisme, que nul n'avoue, ne tronque pas la vision de l'autre, aucune origine, aucune confession n'est antinomique avec les valeurs de la République. En cette époque de mondialisation, l'apparence ne suffit plus pour présager de l'origine géographique, encore moins de la nationalité. Si la France persiste à se percevoir totalement blanche, cela signifie qu'elle renie ses enfants adoptifs et ne s'accepte pas telle qu'elle est de nos jours. Les Noirs, les Arabes et les Asiatiques, qu'elle considère perpétuellement comme des étrangers, sont en grande majorité de nationalité française. Oui, ils sont étrangers quelque part, mais plutôt dans le pays où l'on croit les expédier chez eux. Rejeter certains compatriotes, c'est dire que leurs origines, lorsqu'elles sont étrangères, rendent leur nationalité française provisoire. C'est aussi passer un message à tous ceux qui peuvent s'identifier à eux : *vous ne serez jamais tout à fait des nôtres !* Qui peut s'intégrer avec une citoyenneté fragilisée, marginalisée de la sorte ? Si la nationalité française ne rend pas l'appartenance au pays indiscutable, cela prouve qu'aux yeux de certains, sa légitimation passe par autre chose : les origines, type anthropologique caucasien !

Affirmer cette évidence n'écorche que la bouche des hypocrites. Pour les nationalistes, les naturalisés sont citoyens de seconde zone.

Oui, l'anonymat chromatique ferait de chaque Noir, de chaque Arabe de la République, quelqu'un d'autre, pas qu'un membre du quota visible de diversité, revendiqué, exposé les jours de charité chrétienne et victime expiatoire les jours de crise ! Puisque nous sommes les « différents » et pas les autres, comme si « la normale couleur locale » dépouillait ses porteurs de toute autre particularité. Il faut plus de *white*, avait dit Le Recycleur, sillonnant sa ville d'Évry. Trop de brun, vous l'aurez compris, même pour ce socialiste, ce n'est acceptable que pour une charlotte au chocolat, au-delà, on est simplement tolérant. Seigneur, quelle vie, quand on vous tolère ! Vous devenez vous-même tellement tolérant : un nœud de marin aux nerfs et hop, vous portez votre croix ! Vous tolérez qu'on vous regarde de haut, qu'on vous fasse en permanence des réflexions désobligeantes. Vous endurez même la béatitude de l'adorable bécasse qui vous assène, tout sourire : *Ah, vous savez, moi, je suis pour l'ouverture, je pense que les Noirs sont des personnes comme nous.* Ouf, c'est rassurant ! Être français de cette façon-là et malgré tout vouloir le rester, oui, effectivement, cela demande beaucoup de patience. La tolérance n'est pas toujours où l'on croit ! Dire qu'il n'y a même plus le journal de papy Clemenceau pour y lever le poing :

43

La Justice ! Cet homme-là manquera toujours au monde, lui savait quel était son parti : l'humain. Les guerres larvées sont les plus difficiles à gagner, mais face aux attaques xénophobes, racistes, sexistes, islamophobes, antisémites, homophobes, Marianne mérite mieux qu'une lâche résignation. Le poison distillé pendant les campagnes électorales devrait renforcer le système immunitaire de la République. À l'unisson, citoyens ! Que notre vote l'affirme : Marianne ne veut pas mourir ! Messieurs les candidats au gouvernail du pays, prenez-moi pour une cloche, si cela pouvait vous éviter la surprise d'une éruption citoyenne, mon écharpe mauve d'altérité n'en serait pas froissée. Rassemblez, au lieu de diviser le peuple qui risque, tôt ou tard, de s'unir contre vous ! À l'Assemblée nationale, dans les entreprises, dans bien des secteurs, on se demande où sont les taches de rousseur de Marianne. Pourtant, ses identifiables enfants colorés ne sont pas plus bêtes que les autres, mais pour le prouver, il faudrait qu'ils bénéficient des mêmes opportunités que leurs frères. Si la blancheur n'est pas une compétence, pourquoi en faire un argument dans le recrutement d'employés ? L'anonymat chromatique, pour sûr, réduirait drastiquement le taux du chômage et relèverait le moral des victimes du tri sélectif. Il s'agit de combattre franchement la discrimination, d'en finir avec ces petites touches cosmétiques, ces cache-misères qui achèvent